바뇌의 기도서

— 가난한 사람들의 동정녀 —

김정옥 역음

The Prayer of Banneux

Copyright © 2000 by ST PAULS, Seoul, Korea

이 도서의 국립중앙도서관 출판예정도서목록(CIP)은 서지정보유통지원시스템 홈페이지(http://seoji.nl.go.kr)와 국가자료공동목록시스템(http://www.nl.go.kr/kolisnet)에서 이용하실 수 있습니다. (CIP제어번호 : CIP2011002042)

이 책은 저작권법의 보호를 받으므로 무단전재와 무단복제를 금합니다.
이 책 내용의 전부 또는 일부를 재사용하려면 반드시 저작권자와 성바오로출판사의 동의를 얻어야 합니다.

차례

추천의 말 · 6
기도 안내 · 9

제1부 발현 메시지에 따른 말씀의 전례 ·· 11

1. 첫 번째 발현(1월 15일) · 13
   가난한 사람들의 동정녀께서 손짓을 하시다

2. 두 번째 발현(1월 18일) · 17
   이 물에 두 손을 담그라

3. 세 번째 발현(1월 19일) · 22
   나는 모든 민족을 위한 가난한 사람들의 동정녀이다

4. 네 번째 발현(1월 20일) · 27
   나는 작은 성당 하나를 원한다

5. 다섯 번째 발현(2월 11일) · 32
   나는 고통을 덜어 주러 왔다

6. 여섯 번째 발현(2월 15일) · 36
   나를 믿어라. 나도 너희를 믿을 것이다

7. 일곱 번째 발현(2월 20일) · 40
   많이 기도하여라

8. 여덟 번째 발현(3월 2일) · 44
   나는 구세주의 어머니, 하느님의 어머니이다

제2부 바뇌의 성모님과 함께 하는 묵주기도 ·· 49
1. 기쁨의 신비 1-5단 · 51
2. 빛의 신비　 1-5단 · 56
3. 고통의 신비 1-5단 · 61
4. 영광의 신비 1-5단 · 66

제3부 발현 주제에 따른 9일기도 ·· 71
제1일, 부르심 · 73
제2일, 생명의 샘 · 75
제3일, 가난 · 77
제4일, 우주성 · 79
제5일, 성전 · 81
제6일, 고통 · 83
제7일, 믿음 · 84
제8일, 기도 · 86
제9일, 동정녀 마리아 · 87

제4부 바뇌의 기도 모음 ‥89

  1. 감사의 기도 · 91
  2. 청원기도 · 93
  3. 평화의 기도 · 94
  4. 호칭기도 · 98
  5. 성가족에게 드리는 기도 · 102
  6. 봉헌기도 · 104
  7. 모든 민족의 동정녀 · 107
  8. 자신을 봉헌하는 기도 · 109
  9. 가난한 사람들의 사랑이신 마리아 · 111
  10. 오늘도 손짓하며 부르시는 마리아 · 113

제5부 성가 모음 ‥115

  바뇌의 성모 · 116
  바뇌 성모님 발현 50주년 기념 송가 · 117
  마리아, 우리들의 어머니 · 118
  성모 마리아여 · 119

국제 기도 연합회(U.I.P) ‥121

【추천의 말】

동정녀 마리아께서는 1933년 벨기에 바뇌(Banneux)에서 열한 살 난 소녀 마리에트 베코(Mariette Beco)에게 여덟 번 발현하셨습니다. 가난한 집에 태어난 마리에트는 7남매 중 맏이였습니다.

바뇌의 메시지는 더없이 단순하고 소박합니다. 성모 마리아께서는 마리에트에게 발현하시어 이렇게 말씀하셨습니다.
"나는 가난한 사람들의 동정녀이다."
"나는 고통을 덜어 주러 왔다."
"나는 구세주의 어머니, 하느님의 어머니이다."

성모 마리아께서는 소성당을 하나 지어 달라고 요구하셨습니다. 또 소녀 마리에트를 샘으로 인도하시고는 "이 물에 손을 담그라!", "이 샘은 모든 민족을 위하여, 모든 환자를 위하여 마련되었다."고 말씀하셨습니다.

 1947년 8월 22일, 벨기에 리에주(Liège) 교구장이셨던 케르크홉스(L.J.Kerkhops) 주교님이 바뇌 메시지의 성서적인 성격과 마리에트 베코에게 발현하신 '가난한 사람들의 동정녀'의 여덟 차례 발현의 진상을 공식 인정하셨습니다.
 1999년 바뇌의 성지는 벨기에 주교단에 의해 '전국 성지'(Sanctuaire National)로 공식 인정되었습니다.

 나는 바뇌 성지의 다양한 기도 모음집을 재구성하여 한국어로 번역하는 일을 김정옥 데레사 씨에게 위임하였습니다.
 좀 더 많은 한국인들이 가난한 동정녀를 더욱 잘 발견하고 그분께 기도드리는 데 큰 도움이 될 이 기도서를 펴내게 해준 김 데레사 씨에게 진심으로 감사드립니다.

 가난한 사람들의 동정녀께서 우리를 샘으로, 그분의 아드님 예수께로 인도해 주시고, 아울러 우리가 평화와 필요한 용기의 은총을 받아들일 수 있도록 도와주시기를 간절히 기도합니다.

2000년 3월 25일, 주님 탄생 예고 대축일에
바뇌 성지 원장
요셉 카사르(Abbé Joseph Cassart) 신부

【기도 안내】

바뇌에 발현하신 가난한 사람들의 동정녀 마리아께서는 어린 소녀 마리에트를 불러내시어 샘으로 이끌어 주셨다.

이 샘은 우리와 가까이 하기를 원하시는 은총의 원천이신 예수 그리스도를 상징한다.

특히 성서적인 메시지를 전하신 바뇌의 성모님은 우리를 당신께로 이끄신 다음 예수님께로 인도해 주시는 분이시다.

이 책자에 실려 있는 기도에서도 같은 진행으로 구성되어 있다고 할 수 있다. 즉 성모님의 메시지를 항상 성경의 말씀과 연결시켜 묵상하고 기도하도록 편성되어 있다.

이 소책자에 실린 기도문들은 주로 바뇌에서 사용하고 있는 기도문들로서 번역 또는 편역된 기도문들이다. 그리고 바뇌에 발현하신 동정녀 마리아의 메시지를 중심으로 한 말씀의 전례와 묵주기도, 9일기도를 우리나라 상황에 맞추어 재구성했음을 밝혀 두는 바이다.

■ 발현 메시지에 따른 말씀의 전례는 주로 그룹으로 하는 기도 모임을 위해 작성되었다. 즉 발현 메시지와 관련되는 성경구절들을 함께 묶어 놓았으므로 기도 회원들이 함께 묵상하고 그 묵상한 것에 대해 서로 나눔을 하고 기도하도록 안내되어 있다.

■ 묵주기도 역시 발현 메시지와 연결하여 묵상하며 드리도록 되어 있다.

■ 9일기도는 발현 주제를 9일간 이어서 묵상하고 기도하도록 구성되어 있다. 혼자서 하는 것으로 짜여 있으나 경우에 따라서는 공동으로 할 수도 있다.

엮은이 김정옥

제1부
발현 메시지에 따른 말씀의 전례

기도회 준비

* 모든 이가 잘 보이는 깨끗한 곳에 바뇌 성모님의 성모상이나 성화를 안치해 놓는다.
* 촛불을 준비하고 가능하면 꽃꽂이도 해놓는다.
* 해설자와 독서자를 선정해 둔다.
  독서자는 가능하면 매번 다른 목소리로 바꾸어 하는 것이 좋을 것이다.

첫 번째 발현
1월 15일

"가난한 사람들의 동정녀께서 손짓을 하시다."

시작 성가: 가톨릭 성가 236, 239, 249, 250 (택일)

말씀의 전례 제1부

기도 안내(해설자): 1933년 1월 15일, 저녁, 마리에트는 부엌 창문가에 팔을 괴고 앉아 밖을 주시하고 있었습니다. 그녀는 낮에 외출한 등생 줄리앵이 돌아오기를 기다리고 있었던 것입니다. 갑자기 작은 정원 안에 환히 빛나는 부인이 왼쪽으로 약간 갸우뚱한 모습에 묵주를 손에 들고 나타나셨습니다.

마리에트가 소리쳤습니다.

"엄마, 정원에 어떤 아름다운 부인이! …동정녀 마리아 같으세요! 나를 보고 웃고 계세요, 정말 너무 아름다우세요!"

그때 그 부인이 나오라는 듯 손짓을 하셨습니다.

그러나 마술가의 장난으로 오인한 어머니가 방문을 열쇠로 잠그고 못 나가게 막았습니다.
 마리에트가 다시 창가로 다가갔을 때 이미 그 아름다운 부인은 사라지고 없었습니다.

 이 첫 번째 발현에서 동정녀 마리아는 아무 말씀도 안 하셨습니다. 다만 마리에트에게 환하게 빛나는 현존과 평화롭고 평온하게 웃는 모습으로 나타나 주셨습니다.
 그 날은 소녀에게 내적인 체험을 통해 다음 발현을 위해 준비시켜 주신 것입니다.
 하느님은 끊임없이 우리를 부르고 계십니다. 예수님이 어떻게 제자들을 불러 모으셨는지 요한 복음을 통해 들어 봅시다.

성경 봉독: 요한 1,35-42

묵상 안내(해설자): 안드레아는 즉시 자기의 형인 시몬을 찾아가 메시아를 만났다는 이야기를 했습니다. 그리고 그 형을 예수님께로 안내했습니다. 우리

각자도 세례를 통하여 부르심을 받았습니다. 그리스도인의 삶 자체가 하나의 성소입니다.

바뇌에 발현하시어 따라오라고 부르셨던 동정녀 마리아님,
저희가 항상 당신의 부르심에 응답할 수 있도록 깨우쳐 주소서.
그리고 저희의 형제들을 예수님께 인도할 수 있도록 도와주소서.

성가: 가톨릭 성가 18, 210, 214, 221 (택일)

말씀의 전례 제2부
기도 안내(해설자): 성령께서는 모든 성소의 원천이 되십니다. 그분은 여러 가지 은사를 베풀어 주시지만 항상 같은 성령이십니다. 따라서 성소는 오직 하나뿐, 즉 하느님의 뜻을 실현하는 것입니다. 사도 바오로가 코린토 신자들에게 보낸 첫째 서간의 말씀을 들어 봅시다.

성경 봉독: 1코린 12,4-11

* 잠시 묵상 후 말씀 나눔과 개인기도

성가: 가톨릭 성가 445, 446, 467, 470 (택일)

마침 기도(공동): '봉헌기도'(104쪽)
　　　　　　　또는 '자신을 봉헌하는 기도'(109쪽)

마침 성가: 바뇌의 성모성가 중 택일

두 번째 발현
1월 18일

"이 물에 두 손을 담그라."

시작 성가: 가톨릭 성가 236, 239, 249, 250 (택일)

말씀의 전례 제1부

기도 안내(해설자): 1933년 1월 18일, 저녁 7시. 마리에트가 집에서 나와 집 정문과 정원 울타리를 잇는 좁은 오솔길에서 무릎을 꿇었습니다. 그리고 3일 전에 '아름다운 부인'이 출현하셨던 곳을 올려다보고 있었습니다.

그런데, 갑자기 나무 위에, 먼 하늘 아득히 그 부인이 또다시 나타나셨습니다. 몇 발짝 다가가자 그분은 더욱 크게 보였습니다. 그분은 검은 구름 같은 것에 둘러싸여 땅에서 떨어져 있는 것 같았습니다.

마리에트는 웃으시는 그 부인을 따라가며 낮은 소리로 기도했습니다. 약 20분이 지나자 그 아름다운 부인이 뒷걸음치시며 따라오라고 그녀에게 손짓하셨습니다.

마리에트는 그분을 잠시 따라가다가 무릎을 꿇었고, 한 순간 묵주기도를 드린 다음 다시 일어나 계속 걸어갔습니다.

잠시 후, 또다시 멈추고 무릎을 꿇었습니다. 그녀는 부인의 부르심에 순명하려는 듯이 계속 따라가다가 갑자기 방향을 돌려 길가 아래쪽에 있는 샘터로 갔습니다.

그 부인은 마리에트에게 "이 물에 두 손을 담그라."고 하셨습니다. 이어서 "이 샘은 나를 위해 마련된 것이다."라고 말씀하셨습니다. 그리고 "잘 있거라, 또 만나자!" 하시며 멀리 사라지셨습니다.

바뇌의 성모님이 어린 소녀를 샘가로 인도하신 것은 바로 당신의 아드님 예수께로 인도하신 것입니다. 샘물은 생명의 원천으로서 우리에게 생명을 주시는 하느님, 예수 그리스도를 상징합니다. 성모님은 바로 하느님의 부르심에 "예" 하고 대답하심으로써 구세주 예수님의 탄생을 가능하게 하셨고 어린 예수님의 성장을 도우셨던 분이십니다.

먼 옛날, 하느님께서는 막막한 사막의 길을 가던 당신 백성들의 갈증을 풀어 주기 위해 바위틈에서 물이 솟아나게 하셨다는 성경 말씀을 들어 봅시다.

성경 봉독: 탈출 17,1-7

묵상 안내(해설자): "이제 내가 저기 호렙의 바위 위에서 네 앞에 서 있겠다. 네가 그 바위를 치면 그곳에서 물이 터져 나와, 백성이 그것을 마시게 될 것이다."

가난한 사람들의 동정녀 마리아님,
저희의 삶이 물 없는 사막처럼 삭막하지 않고
하느님의 축복을 받아 생명이 넘치는
풍요로운 삶이 되도록 도와주소서.

성가: 가톨릭 성가 166(1,2절), 167 (택일)
　　　또는 '감사의 기도'(91쪽)

말씀의 전례 제2부

기도 안내(해설자): 예수님은 생명의 근원이십니다. 그분이 우리에게 주시는 물은 생활한 물로써 우리 안에 영원한 생명이 솟아나게 합니다. 요한 복음의 아름다운 성경구절을 들어 봅시다.

성경 봉독: 요한 4,1-14

* 잠시 묵상 후 말씀 나눔과 개인기도

마무리 기도(해설자): "내가 주는 물은 그 사람 안에서 물이 솟는 샘이 되어 영원한 생명을 누리게 할 것이다."

'생명의 샘'이신 예수님,
저희가 영원한 삶의 징표인 세례를 받게 해 주셨음에 감사드립니다.
지극히 자애로우신 성모 마리아님,
저희가 일상생활 안에서 예수님을 받아들이고
그분이 저희 안에 성장하시도록 필요한 은총을

주소서.

성가: 가톨릭 성가 166, 167, 175 (택일)

마침 기도(공동으로): '평화의 기도'(94쪽)

마침 성가: 바뇌의 성모성가 중 택일

세 번째 발현
1월 19일

"나는 모든 민족을 위한 가난한 사람들의 동정녀이다."

시작 성가: 가톨릭 성가 236, 239, 249, 250 (택일)

말씀의 전례 제1부

기도 안내(해설자): 1933년 1월 19일, 목요일, 무척 춥고 궂은 날씨였습니다. 저녁 7시. 그 부인께서 나타나셨습니다. "당신은 누구십니까?" 하고 마리에트가 질문하자 "나는 가난한 사람들의 동정녀이다."라고 대답하셨습니다.

그분은 어린 소녀를 샘으로 인도하시고는 웃으시며 "이 샘은 모든 민족을 위한 샘이다. 환자들의 고통을 덜어 주기 위한 샘이다."라고 말씀하셨습니다.

이어서 "내가 너를 위해 기도하겠다. 다음에 또 보자." 마리에트는 '민족'이라는 단어를 이해하지 못

할 정도로 어리고 단순한 소녀였습니다.

그분은 자신을 어머니, 또는 지체 높은 부인, 또는 여왕으로 소개하지 않으셨습니다. 그분은 '가난한 사람들의 동정녀'이십니다. 그분은 "가난한 사람들은 행복하다."고 예수께서 선포하시기 전에도 이미 '가난한 영혼'을 가지신 분이셨습니다.

성경에서 말씀하는 가난한 사람들은 하느님의 사랑을 받는 부유한 영혼들입니다.

성경 봉독: 이사 49,13-19

묵상 안내(해설자): 가난은 결코 불행이 아니고 부족한 것도 아닙니다. 우리의 현실적인 가난은 받아들이기 어려운 것이지만 복음적인 가난은 하느님의 사랑을 받아들여 참 행복을 실현하는 하나의 조건입니다.

신뢰 안에 받아들인 영적 가난은 하느님을 위한 포기의 결실입니다. 가난은 사랑과 평화와 기쁨을 주는 덕목입니다.

가난한 사람들의 동정녀시여,
부조리한 사회악으로 말미암아 기아의 고통으로 신음하는
어려운 사람들을 위로해 주시고
그들에게 필요한 양식을 주소서.
진정한 가난의 의미를 알고 실천하는 사람들을 지켜 주시어
이 사회 안에 정의가 실현되게 하소서.

성가: 가톨릭 성가 22, 37, 38, 43 (택일)

말씀의 전례 제2부

기도 안내(해설자): 동정녀 마리아는 나자렛이라는 작은 마을에서 가난하게 사셨습니다. 그 마을 주민들이 모두 소박하고 가난했습니다. 예수님도 다른 사람들처럼 평범하게 부모님을 모시고 열심히 노동하며 사셨습니다. 그분들은 오로지 하느님만을 믿고 그분에 대한 고마운 마음을 간직하고 사신 분들입니다. 그래서 더욱 하느님을 찬미하고 그분의 영광을 노래할 수 있으셨을 것입니다.

성경 봉독: 루카 1,46-55

* 잠시 묵상 후 말씀 나눔과 개인기도

마무리 기도(해설자): 동정녀 마리아님과 함께, 교회와 함께, 주님을 소리 높여 찬미합시다.
그분은 거룩하신 분, 약속을 지키시는 분이십니다. 그분은 당신의 겸손한 여종에게 훌륭한 일을 하셨습니다. 또한 우리에게도 그렇게 베풀어 주실 것입니다.

사랑하는 동정녀 마리아님,
당신과 함께 저희도 주님께 감사와 찬미를 드립니다.
주님은 참으로 좋으신 분이십니다!
그리스도를 믿는 모든 이들이 주님의 복음을 선포해야 하는 사명을 항상 의식하고 생활 안에 실천하도록 도와주소서.

성가: 가톨릭 성가 2, 41, 402, 404 (택일)

마침 기도(공동): '평화의 기도'(94쪽)

마침 성가: 바뇌의 성모성가 중 택일

네 번째 발현
1월 20일

"나는 작은 성당 하나를 원한다."

시작 성가: 가톨릭 성가 236, 239, 249, 250 (택일)

말씀의 전례 제1부

기도 안내(해설자): 1933년 1월 20일, 금요일 저녁 6시 45분, 마리에트는 계속되는 발현으로 지친 상태에서 다른 마을 어른들과 함께 밖으로 나갔습니다.

작은 오솔길에 앉아 무릎을 꿇고 기도하는 그녀 앞에 동정녀께서 나타나셨습니다.

"오! 아름다운 부인! 무엇을 원하세요?"

"나는 작은 성당 하나를 원한다."

동정녀께서 웃으며 대답하셨습니다. 그리고 오른손을 들어 쓰러져 가고 있는 소녀의 머리 위에 강복하셨습니다. 소녀가 순간적으로 의식을 잃었던 것입니다.

하루 24시간 열려 있는 발현 소성당은 동정녀 마리아께서 거기에 다녀가셨다는 것을 확인해 주는 징표로써 언제라도 우리를 반겨 주시는 예수님과 성모님을 만나는 자리입니다.

그리고 감실 안에 모셔져 있는 성체는 항상 우리와 함께 계시는 그리스도의 성사입니다.

사도 베드로의 신앙은 반석과도 같이 견고했습니다. 예수님은 그 신앙 위에 당신의 교회를 세우기로 결정하셨습니다. 그리고 그에게 새로운 이름을 지어 주셨습니다.

"너는 베드로이다. 내가 이 반석 위에 내 교회를 세울 것이다."

그리스도께 대한 신앙은 우리를 교회인 영적 건물의 생활한 돌로 만들어 줍니다.

예수님은 교회를 통해 특별히 현존하시면서 당신의 활동을 펼쳐 가십니다.

건축의 형상을 인용하고 있는 사도 바오로의 말씀을 들어 봅시다.

성경 봉독: 1코린 3,9-11.16-17

묵상 안내(해설자): 우리는 하느님이 지어 주신 성전(聖殿)입니다. 우리는 성령의 성전입니다.

사랑하는 주님,
성령께서 저희 안에 주재하실 수 있도록 저희를 거룩하게 하소서.
모든 신자가 교회인 영적 건물의 견고하고 생활한 돌, 활동적이고 봉사하는 돌들이 되게 해주소서.

성가: 가톨릭 성가 68, 69, 413, 416 (택일)

말씀의 전례 제2부

기도 안내(해설자): 성당은 하느님의 은총으로 새로워진 사람들이 그리스도를 따라 새로운 세상을 건설하기 위해 모이는 장소입니다.
우주적 교회의 지체들인 우리 그리스도인들은 지상의 시민들인 동시에 벌써 천상의 시민들이 된 사람들입니다. 우리는 미래에 약속된 영광의 희망 속에 살며 활동하고 있습니다.
 묵시록에서 보여 주는 최후 모습은 새로운 세상입니다. 자기 백성에 대한 하느님의 사랑이 친밀하게, 영원히 꽃 피어난 새로운 세상입니다.

성경 봉독: 묵시 21,1-5

* 잠시 묵상 후 말씀 나눔과 개인기도

마무리 기도(해설자): "하느님 친히 그들의 하느님으로서 그들과 함께 계시고 그들의 눈에서 모든 눈물을 닦아 주실 것이다."

 교회는 그리스도의 몸입니다. 교회는 부활하신 그리스도의 눈에 보이는 표징입니다. 교회는 인간들 사이에 있는 하느님의 거처입니다.

 사랑하는 주님,
 오늘의 교회가 하느님의 거처로서 마음의 고통으로 울고 있는 사람들,

기아와 전쟁에 시달리고 있는 사람들,
외로움과 슬픔에 지쳐 있는 사람들에게
따뜻한 안식처가 되어 주고
평화와 희망을 주는 등불이 되게 하소서.

성가: 가톨릭 성가 31, 35, 404 (택일)

마침 기도(공동): '성가족에게 드리는 기도'(102쪽)

마침 성가: 바뇌의 성모성가 중 택일

다섯 번째 발현
2월 11일

"나는 고통을 덜어 주러 왔다."

시작 성가: 가톨릭 성가 236, 239, 249, 250 (택일)

말씀의 전례 제1부

기도 안내(해설자): 탕크레몽(Tancémont)에 갔다가 베코(Beco) 집을 방문했던 순례자들은 2월 11일 토요일, 다섯 번째 발현을 본 증인들입니다.

마리에트는 길에서 두 번 무릎을 꿇은 다음 샘에 가서 그 물에 두 손을 담그고 나서 십자성호를 그었습니다. 그리고 갑자기 울면서 집으로 달려가 이해하지 못했던 단어에 대해 아버지께 질문하고 결국 동정녀께 들었던 비밀을 털어놓았습니다.

"나는 고통을 덜어 주러 왔다."

그녀는 5월에 하기로 예정되어 있던 첫영성체를 다음 날 아침 미사에서 서둘러 했습니다.

동정녀 마리아께서는 "나는 고통을 덜어 주러 왔다."고 말씀하셨습니다. 세상 어디에나 고통 받는 사람들이 많습니다.

그분은 병든 인류를 위해 이 세상에 오셨던 예수님처럼 우리의 고통을 덜어 주러 오셨던 것입니다.

성경 봉독: 마태 11,28-30

묵상 안내(해설자): "고생하며 무거운 짐을 진 너희는 모두 나에게 오너라. 내가 너희에게 안식을 주겠다."

예수께서도 인간 조건의 어려운 짐을 지셨고, 무거운 십자가를 지셨습니다. 하지만 아버지의 손에 모든 것을 온전히 신뢰하고 의탁하셨기 때문에 수난 중에도 견딜 수 있으셨고, 부활을 통해 죽음에서 해방될 수 있으셨습니다.

이제 그리스도의 은혜로써 고통과 죽음은 영광으로 인도되는 길이 되고 있습니다. 고통은 해산의 진통일 뿐입니다.

고통의 어머니이신 마리아님,

마리에트를 통해 약속하신 대로 신체적으로나 정신적으로 고통 받고 있는 모든 사람의 위안과 힘이 되어 주시고, 저희에게 고통의 참 의미를 깨달을 수 있는 은총을 주소서.

성가: 가톨릭 성가 214, 218, 227 (택일)
또는 '청원기도'(93쪽)

말씀의 전례 제2부

기도 안내(해설자): 사도 바오로는 영광 중에 나타나신 주님을 뵈었습니다. 그리고 사흘 동안 앞을 보지 못한 채 식음을 전폐하였습니다.

성령을 받은 그는 행복으로 가득 찼습니다. 그리하여 그의 신앙은 현세의 고통을 최고로 여길 만큼 확고해졌습니다.

성경 봉독: 로마 8,16-18

* 잠시 묵상 후 말씀 나눔과 개인기도

마무리 기도(해설자): "성령께서 몸소, 우리가 하느님의 자녀임을 우리의 영에게 증언해 주십니다. 자녀이면 상속자이기도 합니다. 우리는 하느님의 상속자입니다. 그리스도와 더불어 공동 상속자인 것입니다."

영원 안에 행복을 배가시켜 주기 위해 저희를 창조하신 하느님,
당신의 성령을 보내시어 혼탁한 이 사회를 밝혀 주시고 냉랭한 저희의 마음도 따뜻하게 풀어 주소서.
아버지께서는 아들의 수난과 부활을 통하여 새 생명을 주셨듯이
저희도 저희의 십자가를 성실히 지고 그분을 따름으로써 고통 받고 있는 사람들에게 삶의 희망을 심어 주소서.

성가: 가톨릭 성가 415, 416, 421 (택일)

마침 기도(공동): '평화의 기도'(94쪽)

마침 성가: 바뇌의 성모성가 중 택일

여섯 번째 발현
2월 15일

"나를 믿어라. 나도 너희를 믿을 것이다."

시작 성가: 가톨릭 성가 236, 239, 249, 250 (택일)

말씀의 전례 제1부
기도 안내(해설자): 1933년 2월 15일, 수요일 저녁, 여섯 번째 발현 때는 오직 세 사람만이 마리에트 곁에 있었습니다. 마리에트는 징표를 보여 달라는 본당신부인 자맹 신부(Abbé Jamin)의 말을 전했습니다. 동정녀께서 "나를 믿어라. 나도 너희를 믿을 것이다."라고 대답하셨습니다. 소녀에게는 "많이 기도하여라." 하고 당부하셨습니다. 그리고 비밀 한 가지를 말씀하셨습니다.

자맹 신부는 신중한 사람이었습니다. 그러나 신앙 면에서 흔들리고 있을 때였습니다. 그런데 동정녀께서는 "나를 믿어라. 나도 너희를 믿을 것이다." 라고 간단히 대답하셨습니다. 그 대답은 자맹 신부에게 마리에트와 발현에 대한 신뢰를 심어 주었을 뿐 아니라 하느님과 마리아께 대한 신앙을 더욱 돈독히 해주었습니다.

성경 봉독: 마르 10,13-16

묵상 안내(해설자): 우리는 누군가에게 보호받고 싶어 하고 가족이나 친구들의 신뢰와 사랑을 받고 싶어 합니다. 하느님께 대한 우리의 사랑과 신뢰는 어느 정도입니까? 어린 아이는 부모가 자기들을 사랑한다는 것을 알고 있기 때문에 당연히 그들을 신뢰합니다. 그래서 예수님은 어린이들을 우리의 모델로 삼으라고 권고하시는 것입니다.

사랑하는 주님,
모든 부모가 그들을 믿고 따르는 자녀들에게 하느님의 사랑을 심어 주는 부모 역할을 잘 해냄으로써 모든 가정이 평화와 기쁨의 안식처가 되도록 축복해 주소서.

저희 모두가 순진한 어린이들처럼 당신을 믿고 사랑하도록 도와주소서.

성가: 가톨릭 성가 61, 62, 70, 480 (택일)
　　　또는 '봉헌기도'(104쪽)

말씀의 전례 제2부

기도 안내(해설자): 아버지께서는 이 세상을 너무도 사랑하셔서 당신의 외아들을 보내 주셨습니다. 그 하느님의 아드님은 인간들을 하느님과 화해시켜 주셨습니다. 그리스도께 대한 믿음으로 우리는 하느님께 용서를 받고 또 사랑 안에 융합할 수 있는 길을 발견하게 됩니다.

성경 봉독: 로마서 5,1-5

＊잠시 묵상 후 말씀 나눔과 개인기도

마무리 기도(해설자): "믿음 덕분에, 우리는 그리

스도를 통하여 우리가 서 있는 이 은총 속으로 들어올 수 있게 되었습니다. 그리고 하느님의 영광에 참여하리라는 희망을 자랑으로 여깁니다."

좋으신 아버지 하느님, 진심으로 감사와 찬미를 드립니다.
구세주 예수님, 저희를 사랑의 하느님, 아버지께로 인도해 주소서.
진리의 성령이시여, 저희가 주님의 복음 말씀을 실천할 수 있도록 도와주소서.
가난한 사람들의 동정녀시여, 저희가 단순한 마음으로 삼위일체의 사랑과 기쁨을 깨달을 수 있도록 도와주소서.

성가: 가톨릭 성가 1, 2, 445, 446 (택일)

마침 기도(공동): '성가족에게 드리는 기도'(102쪽)

마침 성가: 바뇌의 성모성가 중 택일

일곱 번째 발현
2월 20일

"많이 기도하여라."

시작 성가: 가톨릭 성가 236, 239, 249, 250 (택일)

말씀의 전례 제1부
기도 안내(해설자): 1933년 2월 20일, 몹시 추운 그날, 마리에트는 일곱 번째 발현을 기다리며 눈 위에 무릎을 꿇고 묵주기도를 드리고 있었습니다. 갑자기 소녀는 더 높고 빠른 속도로 기도하며 너무 빨리 떠나가시는 그 부인을 보며 울었습니다.

그분은 떠나가시면서 "나의 사랑하는 딸아, 많이 기도하여라." 하고 말씀하셨습니다.

동정녀께서는 "많이 기도하여라." 하시며 세 번이나 명령처럼 거듭 당부하셨습니다. 복음서에서 우리는 때때로 기도하시는 예수님을 볼 수 있습니다.

그분은 혼자 외떨어진 곳으로 가시어 이른 아침 혹은 캄캄한 밤중에, 사람들이 모두 그분을 찾아 나설 만큼 자주 기도시간을 가지셨습니다. 그리고 기도하는 법을 제자들에게도 가르쳐 주셨습니다.

성경 봉독: 루카 11,1-4

묵상 안내(해설자): 예수님은 기도 안에서 힘을 얻고 하느님께 대한 신뢰를 받으셨습니다. 내적인 평화와 깊은 내면의 기쁨도 발견하셨습니다. 항상 끊임없이 기도하고 실망하지 말아야 한다고 제자들에게 가르쳐 주셨습니다.

사랑하는 주님,
그런데 저희는 하느님께 드리는 기도시간에 인색합니다.
기도하는 시간이 공연히 허비하는 것으로 느껴질 때가 많습니다.
하느님께 대한 사랑이 부족하기 때문일 것입니다.
저희로 하여금 일상 안에서 기도생활을 맛들일

수 있도록 도와주소서.

관상생활을 통해 일생을 기도하며 살아가는 사람들을 생각하고

기도하지 않는 사람들을 위해 기도하게 하소서.

성가: '주님의 기도'
   또는 가톨릭 성가 210, 221, 404 (택일)

말씀의 전례 제2부

기도 안내(해설자): 예수님은 제자들을 위하여, 우리를 위하여, 온 인류의 일치와 사랑을 위하여 아버지께 기도하셨습니다. 이 기도는 우리가 새겨들어야 할 마지막 유언의 기도입니다.

성경 봉독: 요한 17,11.20-26

* 잠시 묵상 후 말씀 나눔과 개인기도

마무리 기도(해설자): 사랑하는 주님, 저희로 하여금 당신의 유지를 받들어 모든 민족과 더불어 화

해하고 일치하는 일에, 세계의 평화와 정의를 실현하는 일에 적극 투신할 수 있는 용기와 지혜를 내려 주소서.

일상생활 안에서 이웃들과 더불어 사랑을 나누며 사랑이신 하느님을 증거할 수 있도록 은총을 주소서.

성가: 가톨릭 성가 24, 25, 29, 414 (택일)

마침 기도(공동): '호칭기도'(98쪽)

마침 성가: 바뇌의 성모성가 중 택일

여덟 번째 발현
3월 2일

"나는 구세주의 어머니, 하느님의 어머니이다."

시작 성가: 가톨릭 성가 236, 239, 249, 250 (택일)

말씀의 전례 제1부

기도 안내(해설자): 1933년 3월 2일, 저녁 7시. 억수같이 퍼붓던 비가 갑자기 멎은 후 동정녀 마리아께서 여덟 번째로 발현하셨습니다.

마리에트는 열흘 동안 열심히 기도하면서 그분을 애타게 기다렸습니다. 그날도 묵주기도를 드리고 있던 그녀가 말없이 길에 무릎을 꿇고 앉아 흐느껴 울기 시작했습니다.

집에 돌아와서도 계속 울고 난 후 매우 감동한 아버지에게 동정녀 마리아의 메시지를 털어놓았습니다.

"나는 구세주의 어머니, 하느님의 어머니이다. 많

이 기도하여라."

 그분은 소녀의 머리 위에 손을 얹어 강복하시며 "잘 있거라." 하고 떠나셨다는 것입니다. 그녀는 그 발현이 마지막이라는 것을 직감하고 그렇게 울었던 것입니다.

 동정녀 마리아께서는 이 마지막 발현에서 비로소 자신이 '구세주의 어머니, 하느님의 어머니'시라고 신분을 밝히셨습니다. '구세주의 어머니'라는 표현은 천사가 마리아께 나타나 "이제 아기를 가져 아들을 낳을 터이니 이름을 예수라 하여라."고 했던 말을 상기시켜 주고 있습니다. 예수라는 단어는 "하느님께서 구원하신다."라는 의미를 담고 있습니다. 성탄 날 밤, 천사들이 목자들에게 나타나 이렇게 알렸습니다.

 "오늘 밤 너희의 구세주께서 다윗의 고을에 나셨다. 그분은 바로 주님이신 그리스도이시다."

 그렇게 동정녀 마리아께서는 아드님의 구원사업에 처음부터 동참하셨습니다.

성경 봉독: 루카 1,26-35

묵상 안내(해설자): "두려워하지 마라, 마리아야. 너는 하느님의 총애를 받았다. 보라, 이제 네가 잉태하여 아들을 낳을 터이니 그 이름을 예수라 하여라. 그분께서는 큰 인물이 되시고 지극히 높으신 분의 아드님이라 불리실 것이다."

사랑하는 하느님,
동정녀 마리아를 통하여 구세주를 이 세상에 탄생케 하심으로써
저희를 구원해 주시고 자녀로 삼아 주셨음에 감사드립니다.
영원 무궁세에 찬미 받으소서.

성가: 가톨릭 성가 205, 210, 212, 214, 218 (택일)
또는 '성가족에게 드리는 기도'(102쪽)

말씀의 전례 제2부
기도 안내(해설자): 동정녀 마리아께서는 '하느님

의 어머니'이십니다. 이 칭호는 431년 에페소 공의회에서 공식 발표한 칭호입니다.

마리아께서는 우리처럼 하느님과 비교될 수도 없는 피조물이시지만 하느님의 어머니가 되심으로서 모든 피조물 중에서 최고가 되신 분이십니다.

마리아께서 우리의 구원을 위해 갈바리아 십자가 밑에도 계셨습니다.

성경 봉독: 요한 19,25-27

* 잠시 묵상 후 말씀 나눔과 개인기도

마무리 기도(해설자):
사랑하는 우리의 어머니,
당신은 하느님의 아들을 이 세상에 탄생시키셨습니다.

십자가 밑에서 당신 아들의 유언을 받아들이심으로써 교회를 탄생시키셨고, 그 교회의 어머니가 되셨으며, 아울러 우리 모든 인류의 어머니가 되셨습니다.

그리고 성령을 기다리며 기도하는 사도들과 함께 계심으로써 기도하는 교회의 모델이 되어 주셨습니다.

피조물로서 유일하게 영광 중에 승천하신 우리의 어머니, 주님과 함께 영광스럽게 다시 오실 때까지 교회와 함께 드리는 당신 자녀들의 간절한 기도를 들어 주소서.

성가: 가톨릭 성가 238, 239, 249, 252, 261 (택일)

마침 기도(공동): '평화의 기도'(94쪽)

마침 성가: 바뇌의 성모성가 중 택일

제2부
바뇌의 성모님과 함께 하는 묵주기도

초대의 기도

바뇌의 성모 마리아님,
구세주의 어머니이시고 하느님의 어머니이시며
가난한 사람들의 동정녀시여,
당신을 믿으면 우리를 믿겠다고 말씀하셨으니
저희도 진심으로 당신을 믿겠나이다.
많이 기도하라고 당부하신 그 말씀대로 간구하오니 저희를 위해 기도해 주소서.
정신적이고 영적인 면에서 빈곤한 저희를 불쌍히 여기소서.
죄인들에게는 잘못을 뉘우치는 회심의 마음을 주

시고 배고픈 이들에게는 일용할 양식을 주소서.

환자들을 위로해 주시고 그들의 고통을 덜어 주소서.

당신의 전구로써 왕이신 그리스도의 나라가 온 세계에 널리 전파되게 하소서.

아멘.

기쁨의 신비 제1단

마리아께서 예수님을 잉태하심을 묵상합시다.

주님의 천사가 마리아께 구세주의 어머니가 되실 것이라 예고하셨습니다.

그분은 인간의 비참을 측은히 여기신 하느님의 자비에 무조건적인 사랑으로 응답하셨습니다.

"저는 주님의 종입니다. 말씀하신 대로 저에게 이루어지기를 바랍니다."

바뇌에 발현하신 성모님은 '가난한 사람들의 동정녀'이십니다.

* 주님의 기도, 성모송 10번, 영광송

성가: '바뇌의 성모' 1절

기쁨의 신비 제2단

마리아께서 엘리사벳을 찾아보심을 묵상합시다.

지극히 거룩하신 동정녀께서는 나이 들어 뒤늦게 임신한 사촌 엘리사벳을 도와주려고 찾아가셨습니다.

바뇌의 '가난한 사람들의 동정녀'께서는 1933년 가난한 소녀 마리에트를 여덟 번씩이나 방문하셨습니다. 그리고 "나는 고통을 덜어 주러 왔다."고 말씀하셨습니다.

* 주님의 기도, 성모송 10번, 영광송

성가: '바뇌의 성모' 2절

기쁨의 신비 제3단

마리아께서 예수님을 낳으심을 묵상합시다.

지극히 거룩하신 동정녀께서는 이 세상에 구세주 예수 그리스도를 낳아 주셨습니다.

바뇌의 성모님은 마리에트를 샘가로 인도하신 후 "이 물에 손을 담그라. 이 샘은 나를 위해 마련된 것이다."라고 말씀하셨습니다.

끊임없이 샘솟고 있는 이 샘물은 우리에게 영원한 생명을 낳아 주는 세례수를 상징합니다.

* 주님의 기도, 성모송 10번, 영광송

성가: '바뇌의 성모' 3절

기쁨의 신비 제4단

마리아께서 예수님을 성전에 바치심을 묵상합시다.

지극히 거룩하신 동정녀께서는 예루살렘 성전에서 아기 예수를 하느님께 바치심으로써 구약의 율법에 순종하셨습니다.

가난한 사람들의 동정녀께서 부탁하신 대로 지어진 바뇌의 소성당에서는 오늘도 끊임없이 미사가 봉헌되고 있습니다. 특히 '죄인들의 회심'을 위해 드리는 이 미사들은 계속해서 예수님을 하느님께 봉헌하는 것입니다.

* 주님의 기도, 성모송 10번, 영광송

성가: '바뇌의 성모' 4절

기쁨의 신비 제5단

마리아께서 잃으셨던 예수님을 성전에서 찾으심을 묵상합시다.

지극히 거룩하신 동정녀께서는 "저는 제 아버지의 집에 있어야 하는 줄을 모르셨습니까?"라는 예수님의 대답을 잘 이해하지 못하셨습니다. 하지만 그분은 신앙으로 묵묵히 마음 안에 새겨 두셨습니다.
바뇌의 성모님도 마찬가지셨습니다. 징표를 보여 달라고 하는 본당 신부에게 그분은 "나를 믿어라. 나도 너희를 믿겠다."라고 간단히 말씀하셨습니다.

* 주님의 기도, 성모송 10번, 영광송

성가: '바뇌의 성모' 5절, 6절

마침 기도: '평화의 기도'(94쪽)

빛의 신비 제1단

예수님께서 세례 받으심을 묵상합시다.

예수님께서 공생활을 시작하시기 전, 요르단 강에서 세례를 받으실 때 하늘에서 성령이 비둘기 모양으로 내려오시며 "너는 내가 사랑하는 아들, 내 마음에 드는 아들이다." 하는 소리가 들려 왔습니다.

바뇌에서 발현하신 성모 마리아께서는 마리에트를 샘으로 인도해 주셨습니다.

우리도 예수 그리스도를 상징하는 그 샘으로 인도해 주시어 항상 목마르지 않는 은총의 물을 마시게 해 주시라고 성모님께 간구합시다.

* 주님의 기도, 성모송 10번, 영광송

성가: '바뇌의 성모' 1절

# 빛의 신비 제2단

예수님께서 가나에서 첫 기적을 행하심을 묵상합시다.

예수님은 가나 혼인 잔치에서 물을 술로 변화시키는 첫 기적을 행하셨습니다.

그것은 잔치 집에 술이 떨어지자 그 집 주인의 곤경을 눈치 채신 성모 마리아께서 예수님께 간청하여 이루어진 기적이었습니다.

바뇌의 성모님은 당신이 '가난한 이들의 동정녀'시라고 밝히셨습니다. 항상 어려운 사람들의 처지를 배려해 주시는 자상한 어머니이신 그분께 우리 가정의 화목과 사랑을 지켜주시고, 가난하고 소외된 이웃을 향해 열려 있는 마음을 주시도록 기도합시다.

* 주님의 기도, 성모송 10번, 영광송

성가: '바뇌의 성모' 2절

빛의 신비 제3단

예수님께서 하느님 나라를 선포하심을 묵상합시다.

하느님 나라는 정의와 평화가 깃들어 있는 나라이며, 서로가 신뢰하고 존중하며 진실을 나누는 사랑과 희망의 나라, '참 행복'의 나라입니다.

우리를 예수님께 인도하시기 위해 발현하신 바뇌의 성모 마리아께서는 "기도를 많이 하라."고 당부하셨습니다. 우리의 일상이 늘 기도와 활동 안에 깨어 있음으로써 하느님 나라를 선포하는 진정한 그리스도인이 될 수 있도록 성모님께 간구합시다.

* 주님의 기도, 성모송 10번, 영광송

성가: '바뇌의 성모' 3절

빛의 신비 제4단

예수님께서 거룩하게 변모하심을 묵상합시다.

예수님은 타볼산에서 거룩한 광채를 띤 모습으로 변모하셨습니다. 그것은 예수님이 거룩하신 하느님의 아드님이심을 증명해 보여주신 것입니다.
'은총이 가득하신' 성모 마리아께서도 마리에트에게 발현하실 때, 어둠 속에서 훤히 빛나는 부인의 모습이었습니다. 세례를 통하여 하느님의 자녀가 된 저희도 그분의 빛을 받아 거룩하게 살아갈 수 있도록 도와주소서.

* 주님의 기도, 성모송 10번, 영광송

성가: '바뇌의 성모' 4절

빛의 신비 제5단

예수님께서 성체성사를 세우심을 묵상합시다.

예수님께서는 제자들과 헤어지시기 전날 밤에 성체성사를 세우셨습니다. 예수님은 제자들의 발을 씻겨주시고 난 후, "서로 사랑하여라. 내가 너희를 사랑한 것처럼 너희도 서로 사랑하여라. 너희가 서로 사랑하면, 모든 사람이 그것을 보고 너희가 내 제자라는 것을 알게 될 것이다." 하고 말씀하셨습니다.

완전한 사랑을 모범으로 실천해 보이신 성모 마리아님, 사랑을 가르쳐 주시는 성체성사의 은혜를 입은 저희 가족 친지들 뿐 아니라 모든 이들과 서로 사랑함으로써 이 세상에 평화와 일치를 심어가는 주님의 제자가 될 수 있도록 도와주소서.

* 주님의 기도, 성모송 10번, 영광송

성가: '바뇌의 성모' 5절, 6절

마침 기도: '평화의 기도'(94쪽)

고통의 신비 제1단

예수님께서 우리를 위하여 피땀 흘리심을 묵상합시다.

예수님은 지치신 상태에서도 계속 기도하셨습니다. 그리고 "늘 깨어 기도하라."고 당부하셨습니다.
바뇌의 성모님도 "많이 기도하라."고 세 번이나 당부하셨습니다.

＊주님의 기도, 성모송 10번, 영광송

성가: '바뇌의 성모' 1절

고통의 신비 제2단

예수님께서 우리를 위하여 매 맞으심을 묵상합시다.

옷이 다 찢겨진 채 채찍을 맞으신 예수님은 피투성이가 되셨습니다. 그 피는 죄에 물든 우리의 죄를 씻어 주는 피였습니다.

유일하게 죄에 물들지 않으셨던 동정녀께서는 눈부시게 빛나는 구원의 은총을 입으시고 바뇌에 나타나셨습니다. 새하얀 옷에 파란 띠를 두르시고, 하얀 묵주를 손에 들고 계셨습니다.

* 주님의 기도, 성모송 10번, 영광송

성가: '바뇌의 성모' 2절

고통의 신비 제3단

예수님께서 우리를 위하여 가시관 쓰심을 묵상합시다.

병사들이 예수님의 머리 위에 가시관을 씌우며 그분의 왕권을 조롱하였습니다. 그러나 그분의 왕권은 마리아의 왕권과 분리될 수 없는 것으로 모든 영혼의 평화와 모든 민족의 평화, 세계의 평화를 지켜 주는 왕권입니다.

바뇌의 성모님은 "이 샘은 나를 위해 마련된 것이다.", "이 샘은 모든 민족을 위해, 환자들을 위해 마련된 것이다."라고 명시하셨습니다.

* 주님의 기도, 성모송 10번, 영광송

성가: '바뇌의 성모' 3절

고통의 신비 제4단

예수께서 우리를 위하여 십자가 지심을 묵상합시다.

예수님께서 십자가를 지고 가시던 길에서 어머니를 만나셨습니다. 병사들은 뒤따라가던 한 행인에게 그분의 십자가를 지게 하였습니다.

"고통을 덜어 주러 오신" 바뇌의 성모님은 마리에트를 통해 오늘도 우리에게 "나는 너를 위해 기도하겠다."고 말씀하십니다.

* 주님의 기도, 성모송 10번, 영광송

성가: '바뇌의 성모' 4절

고통의 신비 제5단

예수님께서 우리를 위하여 십자가에 못 박혀 돌아가심을 묵상합시다.

지극히 거룩하신 동정녀께서는 어머니로서 아드님의 수난을 나누기 위해 십자가 아래 계셨습니다. 그분은 예수님의 탄생 예고 때부터 구원사업에 동참하셨습니다.

바뇌의 성모님은 "구세주의 어머니, 하느님의 어머니"시라고 분명히 당신의 신분을 밝히셨습니다.

* 주님의 기도, 성모송 10번, 영광송

성가: '바뇌의 성모' 5절, 6절

마침 기도: '평화의 기도'(94쪽)

영광의 신비 제1단

예수님께서 부활하심을 묵상합시다.

바뇌의 성모님은 현세적이고 영적인 면에서 많은 은총을 하느님으로부터 받으셨습니다. 그래서 그분의 중요한 메시지가 많은 사람들의 관심을 불러 모으고 있는 것입니다.

모든 기적들 중에서도 특히 죄와 죽음을 이겨 승리하신 부활에 대한 우리의 믿음이 더욱 굳건해지도록 성모님께 도움을 청합시다.

* 주님의 기도, 성모송 10번, 영광송

성가: '바뇌의 성모' 1절

영광의 신비 제2단

예수님께서 승천하심을 묵상합시다.

하늘로 올라가신 예수님은 세상 마치는 날 다시 내려오실 것입니다. 바뇌 성모님의 발현은 예수님의 재림과 희망으로의 초대를 의미합니다.

마리에트는 성모님이 하늘에서 내려오셨다가 다시 올라가시는 것을 목격했습니다. 그리고 "가난한 사람들의 동정녀께서 우리를 하늘로 데려가시기 위해 내려오셨다."고 말했습니다.

* 주님의 기도, 성모송 10번, 영광송

성가: '바뇌의 성모' 2절

영광의 신비 제3단

예수님께서 성령을 보내심을 묵상합시다.

성령을 받은 사도들이 모든 나라, 모든 언어권에서 온 수많은 사람들에게 강론했지만 그들은 각자 자기 나라 말로 다 이해했습니다.

성모님은 모든 민족을 위해 바뇌로 찾아오셨습니다. 세계 도처에서 찾아오는 바뇌의 모든 순례자들을 통해 '가난한 사람들의 동정녀'께서도 온 세계에 널리 알리십니다.

* 주님의 기도, 성모송 10번, 영광송

성가: '바뇌의 성모' 3절

영광의 신비 제4단

예수님께서 마리아를 하늘에 불러올리심을 묵상합시다.

죄에 물들지 않고 은총을 가득히 입으셨던 마리아께서는 죽음을 이기고, 몸과 영혼 도두 함께 하늘에 오르셨습니다. 그 후 그분은 세계 도처에 발현하시면서 하느님의 말씀과 복음의 권고들을 상기시켜 주십니다.

그분의 메시지를 가난하고 단순한 마음 안에 새기도록 합시다.

* 주님의 기도, 성모송 10번, 영광송

성가: '바뇌의 성모' 4절

영광의 신비 제5단

예수님께서 마리아께 천상 모후의 관을 씌우심을 묵상합시다.

여왕이신 마리아께서 그리스도와 함께 이 세상을 다스리고 계십니다. 그분의 왕권은 우리 각자에게, 모든 민족에게 행사되고 있습니다.

'가난한 사람들의 동정녀'께서는 1956년 '모든 민족의 모후'로 공식 선포되셨습니다. 그분은 평화의 모후이십니다.

* 주님의 기도, 성모송 10번, 영광송

성가: '바뇌의 성모' 5절, 6절

마침 기도: '평화의 기도'(94쪽)

제3부
발현 주제에 따른 9일기도

제1일, 부르심

"동정녀께서 손짓을 하시다."

1. 독서

1933년 1월 15일, 일요일 저녁, 어린 소녀 마리에트는 낮에 외출한 동생 줄리앵이 돌아오기를 기다리며 부엌 창문가에 팔을 괴고 앉아 박을 바라보고 있다.

갑자기 작은 정원 안에 환히 빛나는 부인이 왼쪽으로 약간 기웃이 서 있는 모습이 보인다. "엄마, 정원에 어떤 아름다운 부인이! …동정녀 마리아이신 것 같아요! 나를 보고 웃고 계세요, 정말 너무 아름다우세요!"라고 소녀가 외친다.

소녀는 묵주를 들고 기도하며 환희에 젖어 있다. 그 부인이 나오라는 듯 손짓을 하신다.

소녀가 밖으로 나가려 하자 마술가로 착각한 어머니가 겁이 나서 방문을 열쇠로 잠그고 못 나가게 한다.

그녀가 다시 창가로 돌아가 보았을 때 그 아름다운 부인은 이미 사라진 후였다. 그때 동정녀 마리아는 아무 말씀도 안 하셨지만 그분의 환한 웃음과 평화롭고 평온한 모습은 깊은 영상을 소녀에게 남겨주셨다. 즉 깊은 내적인 체험을 통해 그분의 메시지를 받아들이고 후에 샘으로 가도록 자신을 내맡기는 준비를 시키셨던 것이다.

2. **성경 묵상 자료**: 1) 1코린 12,4-11
   2) 요한 1,35-42

3. **묵주기도**: 기쁨의 신비 1-5단

4. **마침 기도**: '감사의 기도'(91쪽)

제2일, 생명의 샘

"이 물에 두 손을 담그라. 이 샘은 나를 위해 마련된 것이다."

1. 독서

1933년 1월 18일, 수요일 저녁 7시. 마리에트는 집에서 나와 집 정문과 정원 울타리를 잇는 좁은 오솔길을 가다가 무릎을 꿇고 저번에 그 아름다운 부인이 발현하셨던 곳을 쳐다보고 있다.

갑자기 나무 위에, 멀리 하늘 아래 아득히 동정녀가 발현하신다. 몇 발자국 다가가니 그분이 더 크게 보인다.

그분은 검은 구름 같은 것에 쌓여 땅에서 구분되어 있으신 것 같다.

마리에트는 웃고 계신 부인이 천천히 기도하는 자세로 움직이는 방향을 따라 시선을 옮기며 낮은 소리로 기도한다.

약 20분이 지난 후 그분은 손짓하며 뒷걸음질쳐

떠나가신다.

마리에트는 그분을 따라가다가 멈추어 무릎을 꿇고 묵주기도를 드리고 나서 다시 일어나 길을 간다.

좀 더 가다가 다시 멈추고 무릎을 꿇는다. 그리고 다시금 미끄러지듯 움직이는 동정녀의 부르심에 순명하겠다는 듯이 따라간다.

2. **성경 묵상 자료**: 1) 탈출 17,1-17
   2) 요한 4,1-14

3. **묵주기도**: 기쁨의 신비 1-5단

4. **마침 기도**: '봉헌기도'(104쪽)

제3일, 가난

"나는 가난한 사람들의 동정녀이다."

1. 독서

1933년 1월 19일, 목요일 저녁 7시. 무척 춥고 궂은 날씨여서 마리에트는 낡은 외투를 머리까지 뒤집어쓰고 좁은 길가에 무릎을 꿇고 앉아 묵주기도를 드리고 있다.

갑자기 그 부인이 나타나신다.

소녀가 "부인은 누구세요?"라고 질문하자

"나는 '가난한 사람들의 동정녀'이다."라고 대답하신다.

"오! '가난한 사람들의 동정녀'시라구요?" 하며 그 부인의 말씀을 되받으며 감격한다.

그 부인은 앞장서서 소녀를 샘까지 인도하신다.

2. 성경 묵상 자료: 1) 이사 49,13-19
2) 루카 1,46-55

3. 묵주기도: 기쁨의 신비 1-5단

4. 마침 기도: '청원기도'(93쪽)

제4일, 우주성

"나는 모든 민족을 위한 동정녀이다."

1. 독서

1933년 1월 19일, 금요일 저녁 7시. 소녀가 질문한다.

"아름다운 부인, 어제 당신은 '이 샘은 나를 위해 마련된 것이다.'라고 하셨는데 왜 그렇게 말씀하셨어요?"

소녀는 그 샘이 그분을 위해 마련되었다는 것으로 이해했던 것이다.

그러자 동정녀께서 웃으시며 "이 샘은 모든 민족을 위한 것이란다. 환자들의 고통을 덜어 주기 위해서이다."

또다시 동정녀께서 말씀하시기를 "내가 너를 위해 기도하겠다. 또 보자."

소녀는 '민족'이라는 단어를 이해하지 못하고 집에 돌아와 아버지에게 질문했다.

2. 성경 묵상 자료: 1) 묵시 7,9-12
　　　　　　　　　 2) 마태 28,16-20

3. 묵주기도: 고통의 신비 1-5단

4. 마침 기도: '평화의 기도'(94쪽)

제5일, 성전(聖殿)

"나는 작은 성당 하나를 원한다."

1. 독서

1933년 1월 20일, 금요일 저녁 6시 45분.

마리에트는 전날 밤 잠을 제대로 못 잤기 때문에 하루 종일 침대에 누워 있었다.

저녁이 되자 어른들의 만류에도 아랑곳없이 밖으로 나간 그녀는 작은 오솔길에 앉아 무릎을 꿇고 잠시 기도하고 있는데 동정녀께서 나타나신다.

"오! 부인께서는 무엇을 원하세요?"

"나는 작은 성당 하나를 원한다."

동정녀께서 웃으며 이렇게 대답하신 다음, 오른손을 들어 쓰러지고 있는 소녀의 머리 위에 강복해 주셨다.

소녀가 순간적으로 의식을 잃었던 것이다.

그러나 집으로 데려오자 곧 의식을 회복했다.

2. 성경 묵상자료: 1) 1코린 3,19-11
   2) 묵시 21,1-5

3. 묵주기도: 고통의 신비 1-5단

4. 마침 기도: '호칭기도'(98쪽)

제6일, 고통

"나는 고통을 덜어 주러 왔다."

1. 독서

1933년 2월 11일, 토요일. 마리에트는 샘으로 가는 길에서 두 번 무릎을 꿇고 기도한 다음 샘으로 가서 샘물에 두 손을 담그고 나서 십자성호를 그었다. 그리고 갑자기 집으로 달려가 울었다.

소녀는 이해하지 못했던 단어에 대해 아버지에게 질문한 다음 동정녀께서 하신 말씀을 털어놓았다.

"나는 고통을 덜어 주러 왔다."

소녀는 5월에 예정되어 있던 첫영성체를 그 다음 날 아침 미사에서 했다.

2. **성경 묵상 자료**: 1) 로마 8,16-18
   2) 마태 11,28-30

3. 묵주기도: 고통의 신비 1-5단

4. 마침 기도: '청원기도'(93쪽)

제7일, 민음

"나를 믿어라. 나도 너희를 믿을 것이다."

1. 독서

1933년 2월 15일, 수요일 저녁. 마리에트는 그녀의 본당 주임 사제인 자맹 신부가 부탁한 질문을 전한다.

"거룩하신 동정녀시여, 징표를 보여 주시면 좋겠다는 본당 신부님의 부탁을 받았습니다."

"나를 믿어라. 나도 너희를 믿을 것이다."

동정녀께서 이렇게 간단히 대답하신다.

그리고 "많이 기도하여라. 또 보자."라고 마리에트에게 당부하시며 떠나가신다.

소녀는 머리를 땅에 대고 흐느껴 울었다. 그때 동정녀께서는 비밀 한 가지를 소녀에게 말씀하셨다.

2. 성경 묵상자료: 1) 로마 5,1-5
                      2) 마르 10,13-16

3. 묵주기도: 영광의 신비 1-5단

4. 마침 기도: '평화의 기도'(94쪽)

제8일, 기도

"많이 기도하여라."

1. 독서

1933년 2월 20일, 월요일 저녁. 마리에트는 몹시 추운 날씨에도 아랑곳없이 여덟 사람들에게 둘러싸인 채 눈 위에 무릎을 꿇고 묵주기도를 드리고 있다.

소녀의 기도 소리가 갑자기 더욱 커지고 빨라진다. 그녀는 자기 집 정원을 나와 샘으로 가는 길 위에서 두 번 무릎을 꿇고 울며 기도하고 있다.

동정녀 마리아께서 소녀에게 말씀하신다.

"나의 사랑하는 딸아, 많이 기도하여라."

2. **성경 묵상 자료:** 1) 루카 11,1-4
                   2) 요한 17,11.20-27

3. **묵주기도:** 영광의 신비 1-5단

4. **마침 기도:** '청원기도'(93쪽)

제9일, 동정녀 마리아

"나는 구세주의 어머니, 하느님의 어머니이다."

1. 독서

1933년 3월 2일, 목요일 저녁. 억수같이 퍼붓던 비가 갑자기 멎은 후 동정녀 마리아께서 여덟 번째로 발현하셨던 날이다. 마리에트는 열심히 기도하면서 열흘 동안 애타게 그분을 기다린다.

그날도 묵주기도를 드리고 있던 마리에트가 갑자기 말없이 무릎을 꿇고 흐느껴 울기 시작한다.

집으로 돌아온 후에도 계속 울고 난 그녀가, 감동한 아버지에게 동정녀 마리아께서 전하신 메시지를 털어놓는다.

"나는 구세주의 어머니, 하느님의 어머니이다. 많이 기도하여라."

그리고 소녀의 머리 위에 손을 얹어 강복하시며 "잘 있거라." 하고 떠나셨다는 것이다.

소녀는 그 발현이 마지막이라는 것을 직감하고

그렇게 울었던 것이다.

2. **성경 묵상 자료:** 1) 루카 1,26-32
   2) 요한 19,25-27(루카 11,27-28)

3. **묵주기도:** 영광의 신비 1-5단

4. **마침 기도:** '평화의 기도'(94쪽)

제4부
바뇌의 기도 모음

1. 감사의 기도

가난한 사람들의 동정녀시며,
모든 여인들 중에 축복을 받으신 어머니시여,
당신을 저희에게 보내 주신
아버지 하느님은 찬미 받으소서.

당신은 항상 저희를 위해,
저희와 함께 계시며,
저희보다 더 당신께 믿음과 기도를 봉헌하는
모든 이들을 위해 영원히 계실 것입니다.

당신은 바뇌에서 계시하신 대로
모든 은총의 중재자시요,
하느님의 어머니이시며,
가난한 사람들, 모든 이들을 사랑하시는
관대하고 능하신 어머니,
고통을 덜어 주고 개인과 사회를
구원하시는 어머니,

모든 민족의 여왕이시고
모든 민족의 어머니이십니다.

영원한 삶의 참 샘이시고 유일한 샘이신
예수님께로 인도하시기 위해
저희를 찾아오신 동정녀 마리아님,
영원히 감사와 찬양을 받으소서.
아멘.

—케르크홉스 주교

2. 청원기도

가난한 사람들의 동정녀시여,
은총의 샘이신 예수님께로 저희를 인도해 주소서.
모든 나라를 구원하소서.
모든 환자를 위로해 주소서.
저희의 고통을 덜어 주소서.
저희 각자를 위해 기도해 주소서.
저희는 당신을 믿습니다.
저희를 믿어 주소서.
저희는 많이 기도하겠나이다.
(십자성호를 그으며) 저희에게 강복해 주소서.

구세주의 어머니이시요
하느님의 어머니이신 동정녀 마리아님,
진심으로 감사드립니다.
아멘.

3. 평화의 기도

가난한 사람들의 동정녀이시며
구세주의 어머니이시고
하느님의 어머니이신 마리아님,
당신께서 친히 저희를 찾아 주셨으니
저희도 당신을 찾아가나이다.

저희 각자의 속마음을 다 아시고
헤아려 주시는 가난한 사람들의 동정녀 마리아님,
당신께 온전히 의탁하나이다.

저희는 이 세상에서 비탄과 불안한 혼란 속에
나약하게 방황하고 있사오니
조용한 침묵 속에 인내하시며
저희의 모든 사정을 잘 알고 계시는 성모님,
어서 오시어 저희를 도와주소서.

저희는 교만과 이기심에 사로잡혀

가난하고 단순한 마음을 거부하고
겸손하고 진솔한 사랑을 거부함으로써
하느님을 부정하고 스스로 택한 고통과
시련의 어둠 속을 헤매고 있나이다.

사랑이 넘치는 평화의 어머니
가난한 사람들의 동정녀시여,
저희의 발길을 잡아 주시어
영원한 샘이신 예수님께로 인도해 주소서.

온 우주의 여왕이시고
모든 민족의 어머니이신 마리아님,
저희를 지도해 주소서.
사랑과 용서 없이 투기하고
정의와 나눔 없이
이기적인 사회를 초래하게 하는
불행한 백성이 되지 않도록 이끌어 주소서.

평화를 사랑하는 자애로우신 성모님,
분열과 전쟁으로 인한 불안과 초조 속에

신음하고 있는 모든 나라 백성을 위로해 주소서.
갈라진 민족들이 다시 모여
통일을 이루게 하시고
전 세계의 모든 나라가 서로 돕고 나누며
인간의 존엄성과 사회 정의를 실천함으로써
온 세계에 평화가 깃들게 하소서.

겸손과 사랑으로 성가정을 이루신 성모님,
저희 가정에 평화와 사랑과 기쁨을 주소서.
미움으로 굳어진 마음들을 풀고
서로 화해하게 하시고
갈라진 부모 자식들이
기쁨 속에 다시 모이게 하시어
따뜻하고 화목한 가정 안에
서로 아끼고 사랑하게 하소서.
특히 어른들의 잘못으로 고통 받고 있는
어린이들을 위로하시고
그들이 희망을 잃지 않도록 지켜 주소서.

모든 교회의 신자들이 그리스도 안에 일치하여

"너희는 서로 사랑하라."고 하신
복음 말씀을 실천하고
모든 종교가 서로 이해하고 존중하는 가운데
세계의 평화와 정의가 이 땅 위에 실현되어
하느님을 한 목소리로 찬미하는
그 날이 오게 하소서.
아멘.

4. 호칭기도

주님, 당신을 경배합니다.
주님, 당신을 믿습니다.
주님, 당신을 사랑합니다.

주님, 당신을 경배하지 않는
사람들을 용서하소서.
주님, 당신을 믿지 않는 사람들을 용서하소서.
주님, 당신께 아무것도 바라지 않는
사람들을 용서하소서.
주님, 당신을 사랑하지 않는
사람들을 용서하소서.

저희의 마음속을 다 아시는 성모 마리아님,
저희 모두를 도와주소서.

성 마리아의 아들이신 예수님,
저희를 거룩하게 하소서.

성 마리아의 아들이신 예수님,
저희를 구해 주소서.

성 마리아의 아들이신 예수님,
저희의 봉헌을 받아 주소서.

성 마리아의 아들이신 예수님,
환자들이 당신을 사랑하나이다.

성 마리아의 아들이신 예수님,
저희의 고통을 덜어 주소서.

성 마리아의 아들이신 예수님,
당신을 뵈올 수 있도록 저희의 눈을 열어 주소서.

성 마리아의 아들이신 예수님,
당신의 음성을 들을 수 있도록
저희의 귀를 열어 주소서.

성 마리아의 아들이신 예수님,

당신과 대화할 수 있도록 저희의 입을 열어 주소서.

성 마리아의 아들이신 예수님,
당신 앞으로 나아가려 하오니 도와주소서.

온 인류의 여왕이시며
가난한 사람들의 어머니시여,
저희로 하여금 당신의 뜻을 깨달아 받들게 하소서.

오, 조용히 기도하시는 동정녀시여,
주님의 정의와 평화가 온 누리에 임하게 하소서.

오, 조용히 인도하시는 어머니시여,
온 세계의 그리스도 교회가 일치하여
모든 그리스도 신자가 하느님의 사랑 안에
하나로 모이게 하소서.

오, 자애로우신 가난한 사람들의 동정녀시여,
버림받고 소외된 빈약한 사람들의
힘이 되어 주소서.

오, 자애로우신 가난한 사람들의 동정녀시여,
부모들로부터, 사회로부터 버림받고
갈 곳 없이 방황하는 청소년들을 이끌어 주소서.

오, 자애로우신 가난한 사람들의 동정녀시여,
부모 형제 없이 울고 있는 어린이들의
어머니가 되어 주소서.

가난한 사람들의 동정녀시요,
구세주의 어머니,
하느님의 어머니이신 마리아님,
당신은 저희의 모든 부족함을
다 알고 계시는 어머니시요,
저희 각자를 조건 없이 사랑하시는
어머니이십니다.
저희로 하여금 언제 어디서나
하느님의 영광을 드높이 찬양하고
그분께 대한 감사와 사랑의 노래를
영원히 부를 수 있도록 이끌어 주소서.
아멘.

5. 성가족에게 드리는 기도

하느님의 어린 양이신 주 예수님,
모든 가정을 축복하소서.
저희가 가는 삶의 여정에
빛이 되어 주시고
목동이 되어 주소서.

황금의 성심을 가지신 성모님,
저희의 기쁨과 모든 고통을 바치오니
저희 모두를 지켜 주시고
저희를 예수님께로 인도하소서.

하느님께 간택을 받으신 성 요셉이여,
매일의 일 안에서
우리 하느님의 현존을
발견하도록 가르쳐 주소서.

단 한 사람도 잊지 않고 기억하시는

우리 아버지 하느님,
모든 가정을 당신의 사랑과
용서로 가득 채워 주시고
하느님의 사랑을 믿게 하소서.
아멘.

6. 봉헌기도

구세주의 어머니이시고 하느님의 어머니이신
가난한 사람들의 동정녀시여,
십자가에 달리신 당신의 아드님 예수께서
저희 모두를 당신께 맡겨 주신 그날로부터
저희는 어머니의 자녀들이 되었나이다.

이제 저희 자신을 하느님께 봉헌하려 하나이다.
어린이처럼 온전히 그분께 신뢰하고
티없이 깨끗하신 당신의 성심께 봉헌함으로써
그분의 거룩하신 사랑에
저희를 바치려 하나이다.

가난한 사람들의 동정녀 마리아님,
저희의 과거와 현재와 미래를,
저희가 지닌 모든 재능과 재질을
당신께 봉헌하나이다.
또한 저희의 가정과 저희의 친구들,

저희와 함께 생활하고 함께 일하는
모든 이를 당신께 봉헌하나이다.

당신의 도움을 받아
저희는 예수님께 더 가까이 다가갈 수 있고
저희에 대한 그분의 사랑을 깨닫게 될 것이며,
당신이 그분을 사랑했던 것처럼
저희도 그분을 사랑할 수 있을 것입니다.

당신의 도움을 받아
저희는 아버지의 말씀을 들을 줄 알고
그분의 뜻을 실현할 수 있게 될 것입니다.
그리고 모든 이들을 형제자매처럼
사랑할 수 있게 될 것입니다.

당신의 도움을 받아
저희는 저희 마음 안에 사랑을 부어 주시는
성령을 받아들이게 될 것이고
그분의 감도를 따를 줄 알게 될 것입니다.
성령께서 저희를

평화의 사자로 만들어 주게 하소서.
그분의 활동이 모든 악의 세력을 이겨내게 하시고
저희로 하여금 영광 중에 오시는 그리스도를
기쁘게 기다릴 수 있도록 도와주게 하소서.

오, 자애로우신 성모 마리아님,
당신께 드리는 저희의 봉헌이 온전하고
죄로 인해 유혹에 빠짐없이
성실하도록 도와주소서.
저희의 모든 것이 주님을 찬미하게 하시고
우리의 구세주 하느님 안에서 찬양하게 하소서.
아멘.

7. 모든 민족의 동정녀

동정녀께서 저희를 찾아오셨을 때,
당신은 저희 인간들의 대립 안에
어떤 구분이나 한계 안에
어떤 경계선 안에
갇혀 있으려 하지 않으셨나이다.

그리고 당신이 마련해 주신 샘이
모든 민족을 위해
이용되기를 바라셨나이다.

그로써 당신의 아들 예수님은
모든 민족과 인종들을 위해,
저희 모두를 위해
생명의 샘이 되심을 상기시켜 주셨나이다.

그분은 참으로
생명과 사랑의 샘이시나이다.

저희가 샘물 속에 두 손을 담글 때
예수님 안에 잠기게 하시고
예수님 안에 스며들도록 가르쳐 주소서.

당신의 아들 예수님을
저희 혼자 독차지하지 않도록,
그분의 사랑과 빛, 그분의 진리를
저희의 것으로 삼지 않도록 지켜 주소서.

당신이 전하신 메시지와
예수님이 전하신 복음 말씀에 성실하여
모든 민족과 모든 이들에게
마음을 열도록 가르쳐 주소서.

그리고 성 프란치스코처럼
우주적인 형제가 되도록 도와주소서

—R. Dutilleul

8. 자신을 봉헌하는 기도

가난한 사람들의 동정녀 마리아님,
저희는 보기 위해 두 눈을 받았습니다.
그 눈들이 아름다운 것을 보고 경탄케 하시고
슬퍼하는 이에게 기쁨을 가져다주게 하소서.

가난한 사람들의 동정녀 마리아님,
저희는 듣기 위해 두 귀를 받았습니다.
그 귀들이 상처받은 이들에게 친절하고
선한 것에 열리고
악한 것에는 닫히게 하소서.

가난한 사람들의 동정녀 마리아님,
저희는 소통하기 위해 혀를 받았습니다.
그 혀가 용기와 기운을 북돋아 주고
나눔과 만남을 호소하는 데 쓰이게 하시고
인격을 무시하는 데는 잠잠하게 하소서.
그리고 당신의 기쁜 소식을 전하는

기쁨의 도구가 되게 하소서.

가난한 사람들의 동정녀 마리아님,
저희는 걷기 위해 두 다리를 받았습니다.
그 다리들이 다른 사람들을 향해 가게 하소서.
특히 당신이 좋아하시는 가난한 사람들,
빵이 없고 사랑이 없어 가난한 사람들,
관계가 없고 일거리가 없어 가난한 사람들,
신뢰받지 못하고 인정받지 못해 가난한 사람들,
건강을 잃어 가난해진 사람들,
신앙이 없어 가난한 사람들을 찾아가게 하소서.

가난한 사람들의 동정녀 마리아님,
저희는 두 손을 받았습니다.
그 손들은 열 수 있고 닫을 수도 있습니다.
저희는 그 손들을
하느님을 영접하기 위해 열었습니다.
이제는 그 손들을
저희 형제들을 향해 열도록 도와주소서.
아멘.

9. 가난한 사람들의 사랑이신 마리아

가난한 사람들의 사랑이신 마리아님,
당신의 잔잔한 미소는
인자하신 아버지의 모습을 상기시켜 주나이다.
그토록 인간적이고 모성적인 당신의 말씀들은
저희에게 기쁨과 평화의 샘이 되고 있나이다.

상처 입고 실망하는 사람들이
날이 갈수록 많아지고 있는 이 세상에서
당신은 다른 사람들의 말을 들어 주고
있는 그대로를 받아들이라고
진정한 사랑으로 저희를 부르고 계십니다.

또한 당신이 가시던 그 길을 따라
이해와 배려의 도구로써
꾸준히 활동하라고 손짓하고 계십니다.

가난한 사람들의 사랑이신 마리아님,

저희와 함께
저희를 위하여 기도해 주소서.
아멘.

10. 오늘도 손짓하며 부르시는 마리아

가난한 사람들의 동정녀 마리아님,
당신의 모성이
자녀들의 고통으로 괴로워하고 계십니다.

당신은 깜깜한 밤에 빛나는 불빛처럼
저희를 찾아오십니다.

당신의 환한 웃음은
저희의 슬픔을 진정시켜 줍니다.

저희를 잘 아시고 저희를 사랑하시는
아버지의 선하심을
저희의 마음 안에 깊이 새겨 두게 하소서.

오늘도 저희의 구체적인 삶 안에
찾아오시는 마리아님,
저희로 하여금 항상 효성스런 마음으로
하느님 아버지께 감사드리는 삶을 살게 하소서.
아멘.

제5부
성가 모음

바뇌의 성모

바뇌 성모님 발현 50주년 기념 송가

마리아, 우리들의 어머니

김정옥 편역
홍민자 편곡

1 마리아 우리들의 어머니 마리아 약자들의 지혜 마리아— 우리위해 빌으소서 마리아— 우리어머니 빌으소서
2 마리아 민족들의 어머니 마리아 교회의 어머니 마리아— 우리위해 빌으소서 마리아— 우리어머니 빌으소서
3 마리아 생활한 샘물 마리아 겸손한 침묵 마리아— 우리위해 빌으소서 마리아— 우리어머니 빌으소서
4 마리아 세상의 기도 마리아 우리의 희망 마리아— 우리위해 빌으소서 마리아— 우리어머니 빌으소서

성모 마리아여

국제 기도 연합회(U.I.P.)

"기도 많이 하여라. 사랑하는 딸아, 기도 많이 하여라."

이는 바뇌의 동정녀께서 당부하신 말씀으로, 바뇌 성지의 기도 분위기를 잘 반영해 주고 있다. 발현 초기부터 오늘까지 발현 장소에서는 저녁 7시만 되면 묵주기도 소리가 울려 퍼지고 있는데, 그것은 동정녀께서 저녁 7시 경에 항상 묵주를 들고 나타나신 데서 비롯되었다. 그리고 동정녀의 말씀에 따라 기도하기 위해 세계 도처에서 온 많은 순례자들이 같은 시각에 기도하고 싶어한 것에 착안하여 국제 기도 연합회(Union Internationale des Prières)가 탄생하게 되었다.

국제 기도 연합회는 1933년 12월 8일, 발현이 있던 바로 그해에 바뇌에서 결성되어 회원등록을 받기 시작했고, 그 이듬해인 1934년 9월 24일, 이미 회원으로 가입되어 있던 리에즈 교구장인 케르크홉스 주교(Mgr L.J. Kerkhofs)에 의해 공식 인준되었다. 이 기도 연합회의 회원들은 일상적인 묵주기도를 통한 대지향, 즉 가난한 사람들을 위하여, 고통 받는 사람들을 위하여, 나라와 민족들 간의 평화를 위하여, 가정을 위하여, 성소자들을 위하여, 우주적인 선교를 위하여 드리는 기도 안에 서로 일치하고 있다. 또 바뇌 성지에 직접 찾아가 기도하는 순례자들이 부탁하는 기도 지향에도 동참하고 있다.

기도 연합회의 모든 회원은 매일 저녁 최소한 성모송 한 번을 드려야 한다. 바뇌 성지에서는 매월 1회 회원들의 기도 지향을 위한 미사가 봉헌되고 있다. 또한 매년 1월 15일, 첫 발현을 기념하는 미사가 봉헌되고 있으며 마지막 발현 기념일인 3월 2일에는 먼저 세상을 떠난 모든 회원들을 위한 연미사가 봉헌되고 있다.

새 회원의 등록은 바뇌 성지에 있는 정보 안내 사무실에서 받고 있는데 다음의 주소를 통해 우편으로도 할 수 있다.

※바뇌에 관한 모든 정보는 다음의 연락처로 문의할 수 있다.

Sanctuaire de la Vierge des Pauvres
Secrétariat général des pèlerinages
Rue de I'splanade 57 B 4141
BANNEUX N.D.
Tel: +32 (0)4 360 22 22
Fax: +32 (0)4 360 82 39

또는
Secrétariat international
Rue des Fawes 62 B. 4141 Banneux N.D.
Tel: +32 (0)4 360 02 02 Fax: +32 (0)4 360 02 09

【엮은이 소개】

김정옥

전공 수학: 불어불문학(성심여대, 연세대 대학원 졸업)
종교학(루뱅 가톨릭 대학교 졸업-벨기에)

직업 활동: 프랑스어 강사(동국대; Alliance Francaise)
가톨릭 교리신학원 전임
1962년부터 국제 가톨릭 형제회(AFI) 회원으로 활동

번역서

1) 한국어: 〈로욜라의 성 이냐시오와 예수회〉(A. Guillermou), 〈소용없는 하느님〉(Ch.Delhez), 〈더 크신 하느님〉(E.Leclerc), 〈날마다 새벽〉(L.Evely), 〈저녁 단상〉(A.Sève), 〈사랑이 있는 곳에〉(성탄 콩트집, M.Tournier 외), 〈우리 시대를 위한 성탄 콩트〉:(Lumen Vitae 수집),

〈예수성심 공경의 기원과 목표〉(Levesque), 〈Cahier de retraite〉(L.Deslandes), 〈뱅상 레브(V.Lebbe) 신부의 서간집〉(Goffart와 Sohier 수집), 〈20세기 중국 가톨릭 교회사〉(Cl.Soetens), 〈예수의 여인들〉(M.Beernaert), 〈바뇌, 가난한 사람들의 동정녀〉(A.Reul), 〈바뇌의 기도서〉(김정옥 엮음).

2) **프랑스어**: 〈간추린 한국 천주교회 창립사〉(변기영 저) 외 천진암 성지 연구소 연구자료 다수

바뇌의 기도서
-가난한 사람들의 동정녀-

엮은이 : 김정옥
펴낸이 : 서영주
펴낸곳 : 성바오로
주소 : 서울특별시 강북구 오현로7길 20(미아동)
등록 : 7-93호 1992. 10. 6
교회인가 : 2000. 7. 24
1판 1쇄 : 2000. 8. 14
2판 1쇄 : 2011. 5. 31
2판 2쇄 : 2018. 2. 5
SSP 611

취급처 : 성바오로보급소
전화 : 9448--300, 986--1361
팩스 : 986--1365
통신판매 : 945--2972
E-mail : bookclub@paolo.net
인터넷 서점 : www.paolo.net
www.facebook.com/stpaulskr

값 6,500원
ISBN 978-89-8015-407-4